我命由我不由天 2

漫画天才巧克力

蔡志忠／著绘

中国出版集团 现代出版社

目　录

引 子

生命总会找到出路：

以“巧克力”的方法

让自己生存下去。

天才通常都是:

以“巧克力”的方法学习,

以巧妙的方法办好事情。

天才以巧克力，

只有有头无脑的人，

才使用蛮力硬着干！

序

每个人都是生而天才，只是自己不相信！

蔡志忠　文

我有五个兄弟姐妹，每一个兄弟姐妹的智商都不太一样，但经常被称为“天才”的只有我一个人而已。为何相同父母所生的小孩，智商会相差这么大？这是我常常思考的问题，细想我的一生，或许可以明白其中的关键。

在彰化市都还没有天主教堂之前，我出生的小村庄竟然有一间小教堂！而这也是改变我一生的缘起。

我出生前，村中有一位信仰天主教的裁缝名叫叶举。他想改行当传教士，员林教堂的柯神父允诺他：“如果能招募十户人家改信天主教，就让他当专职的传教士。”于是他便在我出生的三家村传教。由于叶举是父亲的朋友，出于朋友义气相挺，我们家便成为十户中的一户，改信天主教。

记得从一两岁会走路开始，我便每天早上和七八个教友小孩，到村子里的道理班上听叶老传教士教《圣经》，从《创世纪》讲到耶稣复活为止。三岁半时，我已经会背诵《天主经》《圣母经》《玫瑰经》等五部经，也学会每天忏悔祈祷，进教堂望弥撒、做告解、唱圣歌、领圣体等作为一个标准天主教信徒所应该会的基本要求。

因此我的大脑里有一百到一千个圣经故事。每个圣经人物都有自己的一套绝技。例如挪亚会制造能容纳所有地球动物的超大型方舟；摩西能把拐杖变成大蛇，更厉害的是他能分开红海带领犹太人回到以色列；耶稣有超能力，能以两鱼、五饼喂饱三千名信众，也能让盲人重见光明、令肢体残疾的人走路。

这时的我非常着急，因为我自己什么都不会，也不知道将来我可以做什么。

而村子里同龄的小孩则各个都很笃定，自知自己要做什么！铁匠的小孩在做铁匠，拉牛车的小孩在放牛，农夫的小孩在田里帮忙，只有我不知道将来可以做什么。

我三岁半开始思考：
躲在父亲的大桌子下思考，
藏在九重葛绿篱笆里面思考，
埋进棉被窝里思考，
白天思考，
晚上思考，
春、夏、秋、冬思考、摸索……

想知道自己将来可以做什么？会什么？能成为什么？
四岁半时我终于发现自己很会画画、很爱画画，也画得很好！
于是便立下志向：
“只要不饿死我，
我要一生一世永远画下去，
一直画到老、画到死为止。”

九岁时，台湾地区流行一股漫画风潮，我对漫画非常着迷，于是便立志要成为“漫画家”！当然我知道“漫画”最重要的是故事的内容，画画只是表达故事的手段。因此我看尽我能接触到的所有书本，自己也编故事，思考情节应该如何表现才会有张力、才好看。

十五岁，我只身到台北，在正式成为漫画家之后，发现香港出版的《儿童乐园》每期都有两个单元是外国绘本所改编的好漫画。从那时开始我每次到牯岭街旧书摊就会找《儿童乐园》，因为我认为应疯狂地向全世界所有过去、现在、未来的大师们学习，学习他们的技巧，学习他们用画面讲故事的能力，而不是停留在过去的自己。

我也始终都相信，学习要向全世界学：

“如果我们看尽了全世界所有一流画家所画的作品，自己就不可能画出没有水准的作品。”

通过研习《儿童乐园》，使我后来有能力画出《大醉侠》《光头神探》《庄子》《老子》《孔子说》《禅说》《佛陀说》《心经》《参禅步道》《猫科宣言》等二十多种漫画风格，所出版的作品也能达到世界水平。一个画家进步的动力来源永远是他的眼界，如果自己的视野开阔，所画出的画也随之改变。

十五岁来台北画漫画，可能是因为年纪很小，又很会画画、编故事，我常常被别人称为“天才”，这也是我第一次发现自己好像比别人聪明，或许我真的与别人不太一样。

而我常常自问“聪明”“天才”“智商高”这些因素是由哪里来?

四十多年来，我读了很多有关大脑、智商、天才的书本。看了Discovery频道有关于天才内容的节目后，我才猛然发现:

“人人都可以成为天才，
只是大多数人被埋没了!”

每个小孩都是天才，只是妈妈不知道！

天才并不是来自出生之前的因素，而是出生之后的后天培养。一个婴儿出生后，他接触到什么就会形成什么！如同中国小孩周岁时的“抓周”习俗一样，小孩没有偏见，他抓到什么就玩什么，也从摸索的过程中学会什么！

如果贝多芬的祖父、父亲不是宫廷的音乐师，就没有音乐天才贝多芬！如果泰格·伍兹的父亲不是高尔夫教练，就没有高尔夫神童泰格·伍兹！

“圣贤是教育出来的，天才是培养出来的。”

我善于思考是由于从很小就开始学“道理”，从而改变了我的思想、观念，而不是我一生下来就是天才。启蒙要越早越有效，尤其是在小孩的心智完全没灌进任何“软件”时，效果最好。这也正是与我一起上道理班的二哥和其他一起上课的小孩所受到影响比较小的原因，因为二哥大我五岁，而我才刚学会走路、讲话，是一张完全没染上任何颜色的纯洁白纸。

Discovery 频道曾经播过一个《养成天才》的节目，其中有位波兰的教授，他研究天才起源时发现："所有的天才，都是从小被刻意培养出来的！"

于是他在一个机缘下将自己五岁的女儿培养成国际象棋世界冠军，女儿长大所生的两个儿子目前分别是全美国际象棋少年、青少年组冠军。教授的小女儿目前正在比赛争夺世界第一的头衔，他们家简直变成了国际象棋冠军的生产工厂，而这些成果全来自他所相信的一个重要观念：

"每个小孩都是天才，
只要我们能将他们的潜能开发出来！"

然而就如同成功有一定的方法，"将孩子培养成天才"也有一定的次第方法和关键。这就是本书出版的目的。

祝福全天下的所有父母们，希望你们都能将自己的小孩培养成：

"超级天才"！

第一章

每个小孩都是天才，

只是妈妈不知道

父母养育小孩“望子成龙、望女成凤”的心理是可以理解的。

但父母会经常感到恨铁不成钢，老是觉得自己的小孩不如自己所预期的，功课不好、在学校的成绩不尽如人意。

明明数学可以考一百分。

在计算纸上是算对了，

但抄进考卷时竟然抄错！

妈妈对孩子的这种粗心大意非常不满意。

每个爸爸都知道，一个小孩将来是不是很有成就，
跟他学校里是不是考一百分没有很大关系。

因为他看到很多成功的企业家并不是出身于名校，
反而是名校优等生成为他的秘书或幕僚。

爸爸比较不计较小孩的考试成绩是否满分，但妈妈则很在意孩子的成绩。

妈妈怕自己的孩子输在起跑线上，而让小孩每天到处去上各种数学、外语、才艺补习班，搞得小孩对学习倒尽胃口。

其实妈妈们不知道：

“每个小孩原本都是天才，

是被我们养育成庸才的！”

任何一个大脑正常的小孩都可以被培养为超级天才，只要知道怎么将小孩的天分培养出来。

教育小孩要从教育父母开始！一对观念错误的父母，是无法将自己的小孩培养成天才的！

本书出版的目的，是希望能为世间每一个小孩请命，让他们有机会成为：

“天才”！

学习＝能力

学习不是为了应付考试，

而是为了获得能力！

未来更加灵活的数字教育

Google未来问题顾问托马斯·弗雷认为：

“未来将出现大量的教育软件，帮助学生利用计算机进行学习。教育将具有极高的针对性，满足每个学生的需求，而不再局限于在教室里上课的时间。也就是说，学生想要学习时，就能马上学到知识。”

托马斯·弗雷指出:

“这一新的教育体系,
将使学生的学习水平
和积极性发生巨大变化。

“这一切都是为了使未来的
学生在进入就业市场时,
能比现在的学生聪明十倍。”

学习从来都是人生最重要的事,
互联网数字时代的今天更是如此。

天才巧克力

阿基米德说："给我一个支点，我就能撬起地球。"

如同人类使用杠杆原理一样，

人们总是以非常聪明的方法克服困难、达到目标。

巧克力不是要卖的糖果蛋糕，

而是四两拨千斤的隐喻：

“以巧克力！”

巧：是恰到好处！

不太多……也不太少，

刚刚好。

我们的一生总会遭遇很多问题，聪明的人总是能以巧克力来解决问题。

是学习才让我们有能力，

而天才总是能“以巧克力”！

如何教养一个小孩使他成为一个思想观念正确，又功夫了得、专业厉害、能以巧克力的超级天才？

第二章

教育小孩
要从教育父母开始

让子女成为天才，

首先得纠正父母的观念。

一对有着错误观念的父母，

无法培育出“天才小孩”！

每个婴儿都有与生俱来的正常大脑，

每一个正常的大脑都具备天才本质。

如果一对天才父母所生的子女，

交给一对没有知识的夫妻教养，

结果一定只会将孩子养成“普通小孩”。

如果一对天才父母领养了一个普通父母所生的婴儿，相信他们会把他养成一个“天才”。

天才不在基因里，

它来自幼儿时期的外界长期刺激！

越早启发刺激，

就越有成效！

对小孩而言，

玩泥巴与玩小提琴一样。

在他听得懂话时就要一直问他：

"你将来要做什么？"

及早定下目标，

是天才之旅的起始。

观念错误的父母常像人格分裂一样，

在外人面前夸赞自己的小孩多棒！

但又在家里奚落自己的小孩多笨！

爱之深、责之切的心可以理解，但父母的态度常造成子女丧失信心、对学习失去兴趣。

我们自己的小孩自己不爱，

要谁来爱？

我们自己的小孩自己不欣赏，

要谁来欣赏？

我们自己的小孩自己不支持，

期望谁支持？

别怀疑，

你的小孩绝对是个天才。

千万别把他养成庸才！

天才不必掌握十八般武艺，

他只要学习一招独门绝技。

多才多艺通常无一精专，天才只要会一项绝对真功夫！

我们已经错失成为天才的机会，但我们可以帮助自己的小孩成为天才。

第三章

学习是为了能力，
而不是成绩、文凭

从前有位禅师对弟子们说：

“在这里你学不到禅，

你只会学到如何思考。

“你学不到知识，

你只会得到智慧。

“你得不到文凭，

你只会得到真本领。”

同样地，天才巧克力精灵对小朋友们说：

“在这里你不会考一百分，

但是你会享受到快乐的学习过程。”

“你不会成为全班第一名，

但会永远保持

会说、

会唱、

会玩、

会跳的

纯真本性。”

“在这里你不必背诵别人的知识，

但你要学会如何自己独立思考。”

“你不必在意文凭，

但要在意有没有学会真本领。”

天才巧克力精灵又对父母们说：

“教育孩子要从教育父母开始。”

“父母亲错误的观念不改，永远无法正确地教育小孩。”

“我们经常听人说：

努力再努力便可以成功。

“在这里我们不相信：

‘只要努力、毅力、持之以恒，

便能获得成功’这种神话。”

“孩子到学校学习不是为了成绩、文凭，而是为了帮孩子找到自己，培养每个人的独立思考能力。”

“我们相信兴趣胜过努力，狂热胜过毅力！

努力、毅力只能让自己坚持到完成目的而已，

而兴趣、狂热才会让我们达到与目的无关的境界。”

“每一个小孩只要加以引导，

都可以成为天才。

“天才巧克力的宗旨是：令任何大脑

正常的小孩，都能成为天才。”

“我们不鼓励传统功利导向的价值观，

而是及早让小孩发现自己，

及早找到自己的专长与兴趣，

然后，

帮助他实现梦想。”

"在快乐中发现自己，

学会独立思考的能力，

找到自己的性格倾向并发挥自己所长，

选择自己一生的道路并自我实现。"

天 才

每个人，

都可以成为超级天才。

只是他自己不知道！

人不认识自己！

不知道原来自己可以很厉害。

每个小孩都是天才，

只是大多被埋没！

天才并不稀有，

只要你知道怎么认识它！

人最大的优势是有颗能思能想的大脑。但人自己并未珍视这天赐的厚礼，很少有人能正确使用自己的大脑，真正发挥大脑正常功能的十分之一。

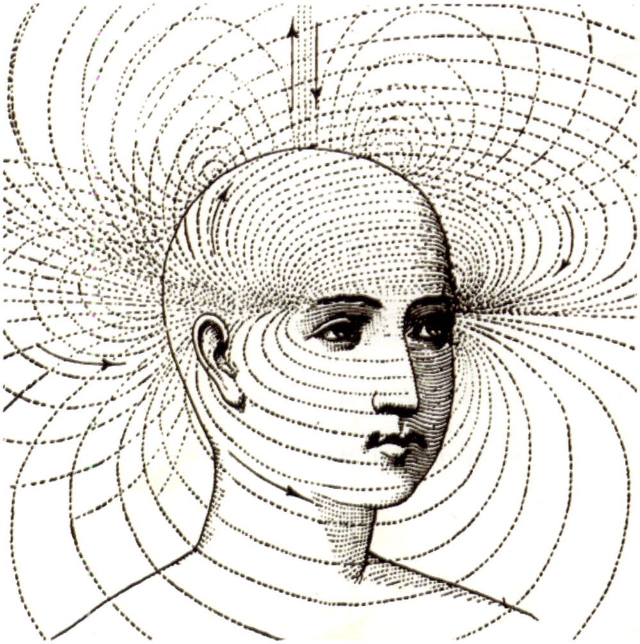

每个大脑正常的人，

都可以成为天才。

只要他正确使用自己的心智！

每一个小孩都可能成为爱因斯坦!

但需要及早将这宝矿开挖出来……

天才是互动出来的；

天才是自我期许出来的；

天才是可以自我培养的。

智商的高低与受启发的年纪成反比！

及早让自己成为智商高的天才，是人生中的重要课题。

思考先于行动

大脑是身体的上级领导，

先计算清楚，然后才行动。

老子说：

“重为轻根，

静为噪君。”

天才通常安静不动，

但眼神坚定敏锐！

天才巧克力通常不太开口说话，

但他必定善于使用眼睛观察。

天才巧克力最大的特征是：

先思而后行。

动脑多过于动手，

思考多过于行动。

他看似没有行动……

其实，早在大家还没想到之前，天才早已经先人一步，做好了他该做的事。

因为“天才”必定是：

静如处子，

动如脱兔！

“天才”

天才就是与众不同！

如果我们生怕与别人不一样，

又期待自己能鹤立鸡群……

这岂不是自相矛盾？

但是，天才就是与众不同！

目　标

你自认为可以完成什么，

你便可以完成自己的目标。

你自认为有多厉害，

你便会有多厉害。

及早定下目标，

准备好一切抵达目标的条件。

登上喜马拉雅山的人，

不是世界上体力最好的人，

而是从一开始，

就把登上喜马拉雅山作为目标的人。

第四章

天才走自己的路，不受别人的影响

人生

人生原本是件简单的事，

是我们自己把它弄得很复杂的。

鱼从来都不思考：

“水是什么？

水为何要流？

水为何不流？”

这些只会徒增困扰，

产生无谓的痛苦和烦恼。

鱼只有一个最简单的问题：

“我要不要游？

要如何游？

游到哪里？

为了什么目的？”

人生大问题

我们打开门走出去是因为知道要去哪里，

行动是为了达成目的。

然而每个人的一生到底要去哪里，

是每个人最重要的人生大问题！

一个人在他的人生一开始，便要问自己最重要的问题：

“我是谁？
我从哪里来？
我要去哪里？
我的人生目标是什么？”

当他想清楚了之后，

便可以很明确地勇猛无悔地向前走。

因为他已经清楚地知道：

“我是谁？

我要去哪里？

我要去达成什么？

我的人生目标是什么？”

只有死掉的鱼才随波逐流！

活的鱼通常都是逆水而游。

但是人总是随波逐流，

常常陷于别人价值观的

洪流中无法跳脱出来。

通常人们走上一条没有出口的道路，

直到人生的尽头才猛然发现，

原来这根本不是自己的人生道路。

如何才能不随波逐流？

有多少人在人生的一开始就想通了：

“我是谁？

我从哪里来？

我要去哪里？”

不要问：

“我为何来到这世上？”

而是要问：

“我来到这世上要做些什么？”

不要问：

“时空际遇能为我做什么？”

而是要问：

“我能为时空创造出什么际遇？”

天才总是以四两拨千斤、“以巧克力”的有效方法，来处理有关于自己的

学习、

观念、

行为、

做人、

做事

等人生问题。

巧克力天才当然知道做好事情的三要素是：

“对的人！

做对的事！

把事情做对！”

如果你已经知道自己是对的人，

也知道正在做的是对的事。

现在只剩下一个问题，就是：

“把事情做对！”

天才巧克力当然会把事情做对。

而且绝对是“以巧克力”，

以四两拨千斤的方法，

把事情办得又轻巧又有力度！

第五章

天才总是
行动得很早

及早发现自己

世界上大多数超级厉害的人，

他们都在很小的时候就立志，

自己将来想成为什么了！

莫扎特刚会走路时，

便爬到钢琴上弹奏三度和弦；

五岁便创作出第一首曲子。

泰格·伍兹出生二十四个月后，就上全美最红的

电视现场节目《埃德·沙利文现场》，

表演十尺远的果岭推杆，并一杆进洞。

迈克尔·乔丹三岁半时，

就在家里的后院打篮球。

高尔夫名将、左手怪杰麦克逊四岁半

时，便和父亲一起参加比赛。

打到第十八洞果岭时他哭了，

因为只剩下最后一杆，比赛就结束了。

数学家高斯七岁上数学课时，

便在教室里写出连续和公式：

$S = n \times (n + 1) \div 2$

辛吉斯十六岁夺得澳网冠军，

十七岁时登上世界女单第一。

桑普拉斯十七岁就赢得网球四大公开赛

之一的英国温布尔顿锦标赛冠军。

大导演斯皮尔伯格十六岁时，

便开始用十六毫米胶片拍实验电影。

十九岁正式成为好莱坞电影导演。

牛顿二十三岁的那年夏天，

发现光学理论，万有引力。

同时在数学方面也研究出

微积分和二项式定理等。

爱因斯坦小时候想当音乐家。

十三岁时决定改作理论物理学家，

十六岁开始思考相对论问题，

二十六岁发表惊世物理学说“狭义相对论”。

乔布斯在大学一年级时，

便休学创立苹果电脑公司。

比尔·盖茨在哈佛念大一时，

休学去创办微软。

项羽二十岁左右看到秦始皇巡视天下，

就夸下豪语：

“彼可取而代也！”

而他当时已经雄霸长江以南，

几年后也的确如他所言，攻陷咸阳。

天才们总是很早便已经选择

自己将来要走哪一条路，

天才们也在很早之时，

便已经开始朝向自己的目标迈进！

他们都知道，

自己要做什么？

什么事对自己最重要？

同时也知道，

错失时机是最大的罪恶。

天才计划

每个孩子的诞生都是明天的希望，

每一个小孩都可以被养育为天才。

每对父母在孩子刚生下来时，

便有义务将他培养成为天才。

伟大的教育家孔子说：

“知之者，不如好之者；

好之者，不如乐之者。”

为了目的而求学者，怎能比得上因为喜欢而学习的人呢？

因为喜欢才学习的人，又怎能跟乐此不疲的人相比呢？

天才是喝赞美的奶水长大的。他在赞美中找到自己的

兴趣、

爱好、

狂热，

由乐此不疲中学会超强武艺！

天才大都成名得很早，

也在很早就发挥自己的专长。

因为他们都是从很小的时候出道，

一心一意朝向自己的人生目标迈进。

然而大多数人走到人生的尽头，

都还不知道自己这辈子为的是什么。

因为父母以为这是小孩自己的责任。

第六章

圣贤是教育出来的，天才是培养出来的

培养天才

每对父母都可以把

自己的小孩培养成天才。

如果你已经二十几岁，

还不自知自己的由来……

那么你肯定不是天才！

如果你已经有了小孩，

那么你还有机会可以让

自己的小孩成为天才！

天才不是与生俱来的，

而是出生之后培养出来的！

细数过去、现在世界上的超级天才，

大都是很小的时候由父母或环境培养出来的。

如果莫扎特的父亲不是大主教

乐团小提琴手和宫廷作曲家,

便没有音乐神童莫扎特!

如果泰格·伍兹的父亲不是高尔夫球教练，

便没有“高尔夫神童”！

如何培育天才

刚生下的小孩是一张白纸，

成为什么，就看怎么染！

对小孩而言：

玩捉迷藏的快乐与

十尺推杆的快乐是一样的。

一个小孩不会对：

篮球、网球、钢琴、小提琴、画画、涂鸦等

各种不同项目有什么特殊偏好！

原本就是一张白纸的他，

你给他什么他就玩什么！

当这张白纸被染上颜色后，

再想改变它就很难了。

学习越早，成效越好，

语言、

音乐、

绘画、

唱歌、

表演、

创作，

各种学习都是如此，

在他有能力学的时候就要开始。

没有所谓生而圣贤、

生而天才这回事！

天才不是来自先天的基因，

而是来自后天的刺激与学习。

你的小孩也是个天才，

只是有待你将他开发出来。

天才很早便迈向自己的人生目标！

而大多数人走到人生的尽头，都还不知道自己这辈子为的是什么。

父母要及早问自己的子女：

“什么是你的未来？”

天才都知道自己要什么，
自己要达成什么，达成
目标的次第方法。

第七章

快乐

是天才的起源

努力、毅力都带有自我强迫的痛苦成分，

“快乐”才能维持长久！

努力、毅力不能持续长久，

“乐在其中”才是永恒的享受！

厉害的角色总是

坚定地紧盯目标！

每个小孩都能成为天才，

如同每只毛毛虫都能变成蝴蝶一样。

每个人都有惊人的巨大潜能，

如果每个人都能将自己的潜能开发出来，

就会使自己变得厉害十倍、百倍。

如同我们都只使用大脑的百分之十，

另外百分之九十是大脑的潜能。

如果有人能百分之百发挥大脑的潜能，

他必成为人类有史以来 IQ 最高，

也是所有的人当中最聪明、最厉害的人。

一个人的IQ的高低

与他受启发的年龄成反比！

当我们很小，

就已想通这辈子要走的路，

当然走得比别人顺畅、如意。

人生不是只在作文里写着

“立大志！

做大事！

做一番轰轰烈烈伟大的事业！”

写完就把它忘光光了的事。

人生的目标不是心里想一想就了事，

而要将如何完成目标的所有细节，

在心中画出一张明确的蓝图。

然后再通过行动逐一将它“显影”为事实。

例如小孩说：

“我将来要成为一个有名的设计大师。”

这时便要问他：

“设计什么？

如何设计？

如何实现设计大师的梦想？

怎么个有名法？”

梦想是需要明确的步骤才能完成的。

想要美梦成真，要从梦境中醒来，

一步一步逐渐去落实。

人生目标是关系一个人终身幸福的
最重要的事。

及早选择人生的那把刷子，
是最迫切的事！

天才最大的特征：

很小便选好自己的人生刷子，

并开始施展它！

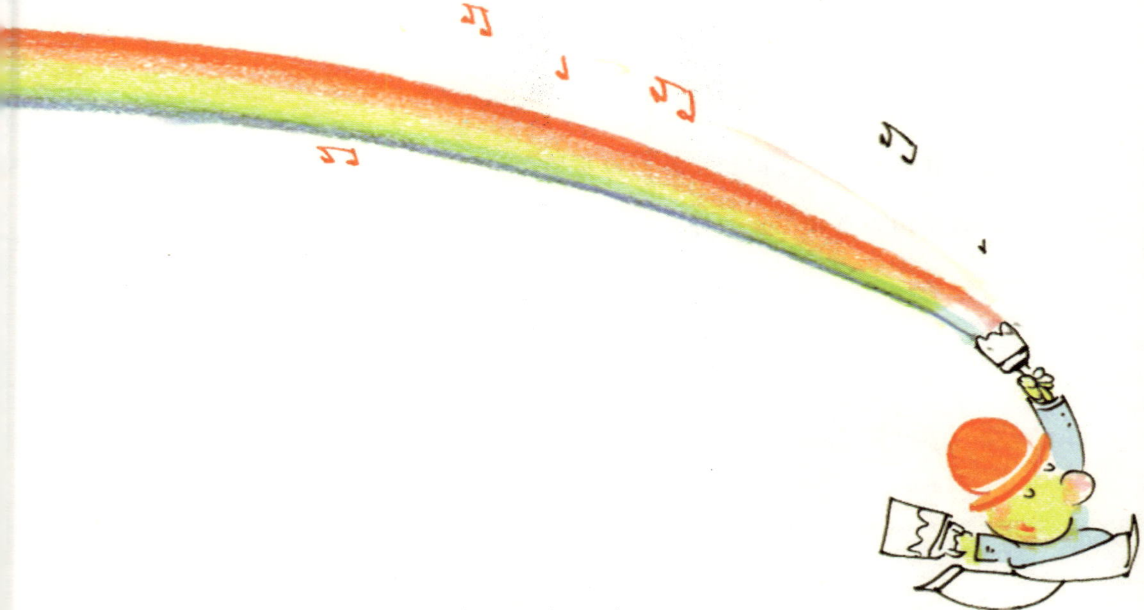

学习是一件非常、非常快乐的事，

只要所学的项目是自己选择的爱好。

学习计算机、架设网站、上网难道简单？

但孩子因为喜欢而自我学习，并乐此不疲！

天才总是行动得很早

天才们早在三五岁，

就朝向人生之路迈进。

顾名思义：

“天才”当然是来自

年纪还非常小的小小孩。

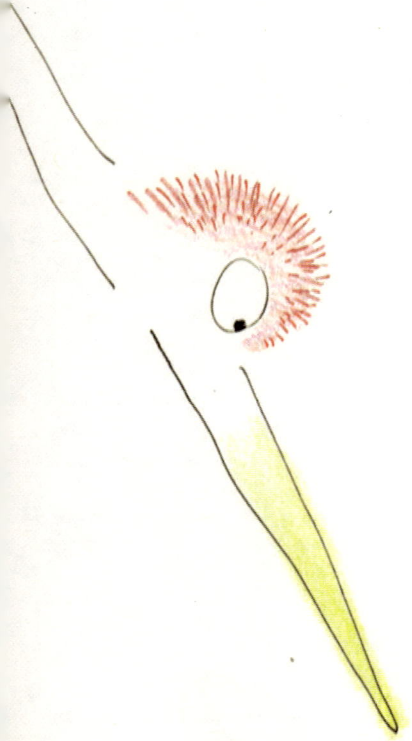

天才总是起步很早、很早，

还没来得及长大就已经迈向未来！

不存在到了二十岁还不自知

人生目标的天才。

每个人都是天才，

只是他自己不相信！

人生不是实习，

也不能重来，

每一步都要踏得实在。

我们都只能活一次，

因此更应该让自己活得精彩！

每个都是天才，只是妈妈不知道！

每个人都是天才，只是自己不相信。

每个正常的大脑都具有天才的本质，
只要你将它开发出来。

第八章

每个人生而天才，
只是自己不相信

天才是培养出来的

每个人都可以使自己厉害十倍、百倍，

只是自己还没把这项潜能挖掘出来！

自信是“知己知彼”的外在表现。

天才总是自信满满，

因为他知道自己办得到！

天才总是：
自我教育，
自我学习。

每个人都可以使自己厉害十倍，
达到别人一百倍以上的效率！

真材实料才是天才

天才不需要名片上的头衔，

他总是用实力来证明自己。

天才不随波逐流，

他有自己的方向。

人要求自己要努力，

天才重视的是效率！

努力不等于效率！

认真不等于有用！

独立思考能力比文凭重要，

正确的观念比智慧重要！

人不了解自己！

人不知道自己在睡觉。

当我们不知道自己在睡觉时，

就无法从梦中醒过来。

聪　明

耳朵听得到叫作“聪”，

眼睛看得到叫作“明”。

但人有眼睛看不到真相，

有耳朵听不到真实！

知 识

曾听别人说过叫作“知”，

自己亲眼看到叫作“识”。

相信你的眼睛所看到的，

不要听信耳朵所听到的。

通才学习很多抵达目标的方法，

天才则设法找出最有效的方法。

天才就是找到自己！

知道要以什么方法达到目标。

智 慧

天才总是用智慧解决问题，

而不是一味地努力再努力。

能把知识用在最关键之时、最关键之处，
并能发挥得恰到好处，叫作“智”。

能自我扫除一切错误的观念，
和不正确的见解，叫作“慧”。

“聪明”：是以过去听过、看过、所会的方法
应付现在所面临的问题。

“智慧”：是扫除自己过去的种种错误，以现在
最恰当的方法解决当下的问题。

第九章

天才的特质：

快　乐！
自　信！
思　考！
行　动！

快 乐

"快乐"是天才的起源!

毅力不能长久，

乐于工作才是永恒的享受！

天才们做自己喜欢做的事，

学自己想学的专业。

因此他乐于工作、乐于学习，

永远处于乐在其中的状态！

别逼小孩样样都考一百分，

要让他从快乐学习中找到自己。

泰格·伍兹并不是样样考一百分，

他是以高尔夫独步“武林”。

人生需要有一技之长，

而不要求样样都行！

“学会很多”看起来很不错，

但我们只有一次幼年。

生长期才是“超人”学习的时机。

自 信

自信是人一生中最重要、最好的素质，

最大的悲哀莫过于打击自己小孩的信心。

最大的罪恶
是残害小孩的自信心！

自信是一切成功、胜利的基石！

成功与自信是个连体婴儿。

天才们知道自己的行与不行，

且对自己的能力充满信心。

思 考

每个人都有自己的独特观点，

每个人也都有独特的思考方法。

天才总是先思而后行，

在人生的一开始便对一生做思考，

并且很早就开始行动，向未来迈进！

是思考使我们与众不同，

而不是种族、肤色、性别、体形。

天才们从小就养成思考的习惯，

他早已想通人生一切关键问题。

平常的人往往

没有先确立好自己的人生原则。

因此每当遇到问题时就想一次，

每一次的决定都不一样。

天才很小就决定了自己的人生方向，

因此他遇到问题时每次的决定都一样。

行 动

天才不用嘴巴，

而是用行动来证明！

天才会先动脑思考，
再以不同的方法，
做出与众不同的行动。

好本领、
真功夫，
才是真天才。

我们行动是因为

知道要达到什么目的！

是行动将梦想落实为现实。

天才们从不空想，他们乐于美梦成真。

独门绝技

大师勇于用一生埋头专心做一件事！

天才一心一意、全力以赴于一项才能。

顶尖高手总是以自己的绝技称霸武林。

他总是全神贯注修炼自己最厉害的武艺。

人要先认清楚自己，

明确什么才是我擅长的专业领域。

一根草、

一点露，

每个人都有自己的长处！

虽然……

花会开、

树会长、

鸟会飞、

鱼会游、

云会飘、

水会流，

但还是做自己最妙！

世界万物样样不同，

数十亿人类也人人不同。

我们之所以珍贵，

是我们与别人不一样的部分！

在农业、工业时代，

人人生怕与众不同。

在数字文化创意时代，

独特性才是珍品。

天才总是在很小的时候，

便有自知之明！

认识自己

认识自己、

是人的第一个智慧。

平凡的人到了二十好几，

都还不知道自己该走向哪里去！

打从我们呱呱坠地开始，

便应为自己的一生做深远的考虑。

我这一辈子，

为的是什么目的？

虽然大多数人也都没活出自己！

一生随着际遇而行，

不能主导自己的命运。

自我主宰

天才与众不同，

他主宰自己的生命。

纵使一生都过着孤寂的生活，

他却活在无比幸福的天堂彼岸。

世间还有什么快乐比得上

自由翱翔、尽情做自己？

开悟人生

悟通人生的真理有三个步骤：

不知我、知我、无我。

1．不自知，

不知道我是谁？

2．正确知道什么是自己，

如实如我！

3．了悟生命的实相，

进入无我的境界。

见山是山、

见山不是山、

见山又是山，

这是开悟的次第过程。

无我才能确实体悟生命的美妙，
真正生活在天堂彼岸的无我境界。

人必须自己找到生命的真谛，
才能活出真正的自己！

弟子问大珠慧海禅师说：

“天堂在哪里？”

大珠慧海回答说：

“就在眼前！”

弟子说：

“我为何看不到？”

大珠慧海说：

“因为你有自我，

所以看不到天堂。”

弟子说：

“你看得到天堂吗？”

大珠慧海说：

“有我、有你，

便看不到天堂。”

弟子说：

“无我、无你之时，

便看得到天堂？”

大珠慧海说：

“无我、无你之时，

还有谁需要看到天堂？”

无论哪一个领域的天才，
他早就达至无我境界，
把全部的焦点都放在自己的目标上。

而天堂只存在于无我的地方，
一个人必须在无我之时，
才能够看到天堂。

忘了脚的人，鞋子自然合适。

忘了身的人，衣服自然合适。

忘了我的人，苦自然无处依附！

忘我、

无我，

我们才可能进入最深的境界，

达到不曾经历过的神驰状态。

过去、现在、未来的成就者们，
也都因为长期处于无我状态，
全力以赴地投入自己的焦点，
才使得他们成就非凡。

人有三种境界：

不自知我、

完全之我、

无我状态。

天才必经历全部三种过程！

纠正父母的错误观念

天下有不少父母望子成龙、望女成凤。

在这之前，得先纠正错误观念。

父母应有的正确观念：

1. 万般非下品，读书非最高。

2. 读书是为了快乐学习，不是为了考一百分。

3. 功课好不等于是好孩子。

4. 文凭不等于能力！

5. 让自己的小孩成为人才，而不是名校优等生。

6. 先思而后行，思考才是王道。

7. 想象力、创造力比什么都重要。

父母应该要知道：

1. 小孩不是父母的财产，他们是未来的希望。

2. 不要用鞭子诉说你的爱！

3. 如果打、骂是爱的表现，

你愿意将来孩子用这种方法爱你吗？

4. 父母要的是控制，用的是爱的名义。

5. 天才的孩子是用赞美喂养长大的，

只要一句赞美就可以让他高兴好几天了。

6. 小孩是要住在明天的屋子，

今天哪有能力替明天造屋？

7. 小孩是箭，父母是弓，

弓只能帮助箭去要去的地方。

培育孩子成为天才的要领：

1. 及早让他选择好自己的人生目标，
三岁已经不算早，两岁能选更好。

2. 任何行业都很好，
不见得名校的优等生才是宝。

3. 教他学会自我学习的能力，
唯有让他自己有兴趣自学才能出类拔萃。

4. 全力以赴支持小孩达成他的目标。

5. 以鼓励代替指导效果好，
用纠正的方法只会适得其反，效果不见得好。

一生最重要的课题：

1. 找到自己的兴趣，

2. 发现自己的专长。

3. 乐于学习，

4. 设定梦想，

5. 找到达成梦想的方法，

6. 快乐地融入工作，

7. 挑战人生的目标。

END

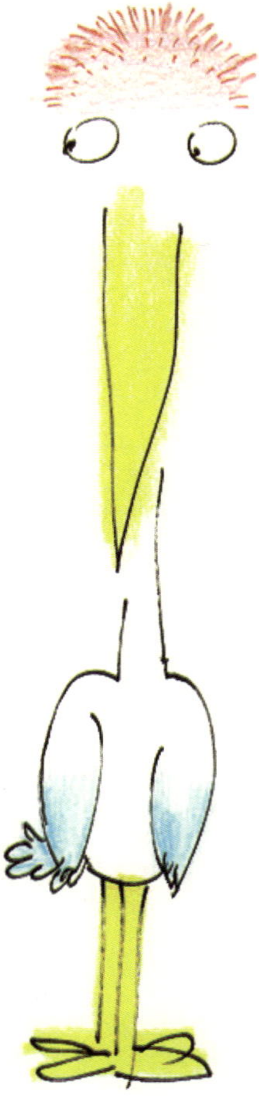

祝你完成愿望，

将自己的小孩培养成天才。

谢谢！

图书在版编目（CIP）数据

我命由我不由天：漫画天才巧克力．2 / 蔡志忠著绘．-- 北京：现代出版社，2021.6

ISBN 978-7-5143-9201-2

Ⅰ．①我… Ⅱ．①蔡… Ⅲ．①蔡志忠－自传 Ⅳ．①K825.72

中国版本图书馆 CIP 数据核字 (2021) 第 096875 号

我命由我不由天：漫画天才巧克力．2

著　　绘：蔡志忠
责任编辑：赵海燕　王　羽
出版发行：现代出版社
通信地址：北京市安定门外安华里 504 号
邮政编码：100011
电　　话：010-64267325　64245264（传真）
网　　址：www.1980xd.com
电子邮箱：xiandai@vip.sina.com
印　　刷：北京瑞禾彩色印刷有限公司
开　　本：710mm×1000mm　1/16
印　　张：14.5　　**字　　数**：50 千
版　　次：2021 年 8 月第 1 版　　**印　　次**：2022 年 8 月第 3 次印刷
书　　号：ISBN 978-7-5143-9201-2
定　　价：52.00 元